ÉTATS D'ÂME

Maria LHERMENIER

ÉTATS D'ÂME

De la même autrice

- ***Divers'cités***, Éditions La Bruyère, 2018 ;

- ***Nouvelle vie, poésie…*** Éditions du Puits de Roulle, 2018 ;

- ***Rêveries, poésies… Le voyage des âmes***, Éditions BoD, 2019, diplôme du prix de poésie Stephen Liégeard 2021 ;

- ***Arrêt sur image***, Éditions Maïa, 2021, 2ème au concours Stephen Liégeard 2022 ;

- ***Poésie d'un autre pays***, Le Lys Bleu Éditions, 2021 ;

- ***Au fil des mots***, Le Lys Bleu Éditions, 2022 ;

- ***En attendant l'aurore***, Éditions BOD, 2024 ;

- Participations à la revue ***Florilège***, Les Poètes de l'Amitié – Poètes sans Frontières, Dijon.

Site internet : **marialhermenierpoesie.fr**

LA VALSE DE L'OISEAU

La valse de l'oiseau
Des branches au point d'eau
Perché sur le nichoir
Pour manger et pour boire

Volant à toute vitesse
Se déplaçant, de patte leste
Il reste inaccessible
Son chant, irrésistible

Je reste fascinée
Par votre liberté
Va-t'en, petit oiseau
Vers le ciel, là-haut

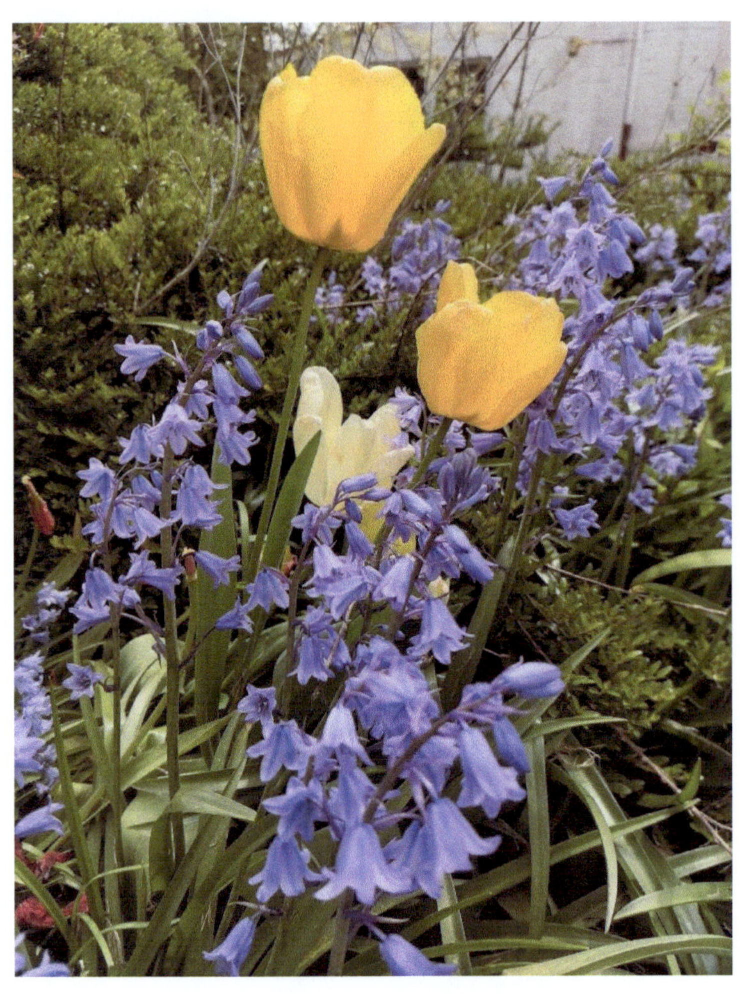

« La promesse d'un printemps »

UNE FRAÎCHE APRÈS-MIDI

Cette fraîche après-midi
Empreinte de nostalgie,
Ce manque de soleil
Me refroidit les os.

Pourtant vient la promesse
D'un printemps tout nouveau,
La vie doucement s'éveille
Et chantent les oiseaux.

En attendant, je vis
Un peu au ralenti
En cette après-midi
Empreinte de nostalgie…

# LE SOLEIL DONNE

Le soleil donne
Tape comme personne
Je cherche l'ombre
Un coin plus sombre
Un endroit frais
Où m'abriter
Boire un peu d'eau
Tant il fait chaud.

Faune et flore
Souffrent aussi
Dans ce décor
Sec et jauni.

Au loin, les champs
Formant frontière
Avec la terre,
Pays s'offrant,
M'émerveillant,
Soleil levant…

AIMER, POUR UNE VIE

Tu es de ceux
Qui suffiraient
Toute une vie

Comme un aveu
Que pour aimer,
Il faut l'envie

Et être heureux
D'un sourire
Chaleureux

Tournés vers un même avenir
Amoureux…

JE VIENS TE CHERCHER

Une porte s'est fermée
Où puis-je sonner ?
Un cœur s'est éteint
Ne serait-ce le tien ?

Je viens te chercher,
Te réanimer
Faire renaître la vie :
Rien n'est jamais fini
Pour qui sait aimer,
Crois-y !

INSTANT FUGACE

Par ton épaule, frôlée
Je vais me retourner
Et puis te regarder
Toi qui passes,
Instant fugace,
Pour ne jamais t'oublier

PÊLE-MÊLE

Instants volés
Chemins croisés
Moments échangés
Bonheur partagé

Ma peine
Est de ne pouvoir t'aimer vraiment
De me consoler auprès d'amants
Qui ne sauront jamais combler
Le vide où tu m'as laissée

Chaque instant à tes côtés
Est un jour gagné
À vivre et à aimer,
À garder à jamais…

Aujourd'hui je suis comblée :
J'ai vu ou entendu
Ceux que j'aimais.
C'est mon essence
Pour avancer.
Moteurs de ma vie,
Merci !

Joli mois de mai
Comme un brin de muguet
Celui qu'on a cueilli
Pour embellir la vie

GRIS

Gris est le ciel,
Un nuage passe dans mon cœur :
Tu es parti

« Gris est le ciel »

CHÂTEAU EN ESPAGNE

J'ai construit des châteaux
Dans ton Espagne natale
En alignant les mots
Me forgeant un mental

J'ai fait bien des projets
Pour bâtir un avenir
Pour le faire avancer
J'ai eu besoin d'écrire

Mais que fait-on sans l'amour
Qu'on a toujours cherché
On s'effondre un jour
Envie d'abandonner

Puissions-nous tous avoir sur terre
Un espoir, un repère
Pour traverser l'hiver

C'est ma fragilité,
Ma sensibilité,
Au-delà de la mort
C'est aussi être fort

DANS MA NUIT

Ce soir, dans ma nuit
Fuse comme un cri
Feutré et sourd
Où est-il mon amour ?

Je suis occupée tout le jour
Et croise bien des corps
Je les aime de tout cœur.
Mais dans le silence
C'est à toi que je pense,
Je perds l'espérance
Quand tu me manques

Même si j'ai la rage de vivre
C'est toi mon équilibre
Et que c'est bon d'aimer
Dans ce monde insensé

PÊLE-MÊLE 2

Soleil à l'horizon :
Sous mes paupières closes,
Le repos et le rêve…

Vivre l'instant
Intensément
L'été présent
Profitons-en !

À travers une larme,
Un combat.

Mon réconfort : votre soutien
Ma consolation : votre amour…

(Aux ami(e)s de la plateforme santé)

À MOITIÉ

À moitié de moi-même,
J'aimerais tant changer
La face de ma vie même,
Pouvoir récupérer

Je ne veux pas me plaindre.
Le brouillard de ma tête
Aimerait bien éteindre
Ma flamme de poète

Mais même fatiguée,
Je sens en moi un ressort
Qui me fait avancer
Pour les autres et contre le mauvais sort

Redonne-moi l'insouciance
Par ta présence, l'innocence
Loin des médecins et des chagrins
Laisse une petite place à mon destin

L'AMIE RETROUVÉE

Amie retrouvée
Autrefois choyée
Revenue en grâce
Parce que le temps passe

Séparées bêtement
Et même violemment
Comment l'oublier ?
Comment l'accepter ?

Tu n'as pas changé
Telle que tu étais
Amie retrouvée
Comment résister ?

La vie est trop chienne
Elle n'est pas fidèle,
Reprenons la vie
Arrêtée ici
Car rien n'est fini

LA VRAIE AMITIÉ

Qu'y a-t-il de plus beau
Que la vraie amitié ?
Oser partager tout
Sans manières et s'aimer

Qu'y a-t-il de plus vrai
Que les mots échangés
Ceux que l'on va confier
Ceux qui vont consoler ?

Certes, il y a les blessures
Voire les trahisons
Qui font souffrir bien sûr
Même perdre la raison

Quand un ami revient
Il faut lui pardonner
Même sans oublier
Et reprendre le chemin
Parce qu'on s'est aimé…

FEMME ALANGUIE

Femme alanguie,
Parfois, je le suis…
Avec de moins en moins
De charnels desseins.
Le cœur de l'amour
Je l'appelle au secours,
En vain.

À toi, mon âme amie
Puisses-tu pour moi prier,
Pour ces corps croisés et aimés
Je ne peux plus rêver

Mais rien ne pourra m'empêcher
De ma vie mener,
D'avoir mes passions,
D'aimer à ma façon…

« *Me reconnecter à la faune et la flore* »

MOTS RÊVÉS

Mots rêvés, idéalisés
Enjolivés, surannés…
Une illusion, mais une passion :
Il faut rêver pour réaliser.

Pour moi aujourd'hui
C'est nostalgie,
Si c'est voir seulement
La vie réellement.

Mais j'attends encore
D'humer les embruns au bord de la mer,

Marcher sur les petits chemins
L'été à la montagne,

Me balader le long des champs
À la campagne,

Me reconnecter à la faune et la flore locales…

Cela me fait rêver
Et je garde espoir
De tout cela revoir
Moi qui ne pars plus jamais…

Mon Réglisse

RÉGLISSE

Toi, petit chat
Tu emplis ma vie
Autrefois meurtrie

Je retrouve des forces,
Au chaud, dans mon écorce,
Jusqu'à ce que j'en sorte…

Mais toi, petit chat,
Pour toujours avec moi,
Je t'accompagnerai
Comme tu m'as aimée,
Destins unis, scellés,
À jamais

« Mimie, compagnie de ma vie »

MIMIE

Ma Mimie,
Compagnie de ma vie
De toutes les parties
Que je travaille ou m'ennuie

Si j'écris sur l'ordi
Tu t'installes sur mes bras
Parfois à la fenêtre, tu suis
Les oiseaux, les souris et les chats

Tes jeux sont les miens
Tant que tu te sens bien
Complices, nous allons nous coucher
Le soir, sur le canapé

Tout est bon pour passer du temps
Ensemble, de bons moments
Avec toi, ma Mimie
Compagnie de ma vie

CAT-SITTER

Une vie
Faite de ci, de chats
Celle-ci me rend sérieuse
Mais où que j'en sois,
Ils m'allègent, me rendent heureuse !

Je les aime et leur dois bien ça :
Ils me font entièrement confiance,
Je subis volontiers leur loi,
Pour une nouvelle vie
Faite de ci, de chats…

R'mione et Ruby

GRAFFITI MON AMI

Graffiti, mon ami
Noir d'ébène,
Petite panthère…

Dans l'appartement
Tu as fait ton nid
Et prends pour maman
Mon amie Chanty

Pour tous les gens
Tu es une vedette,
Et ton miaulement
Veut qu'on te respecte

Même vainqueur de trophées
Tu as besoin d'aimer,
Compagnie à vie
D'Alain et Chanty

MES ANIMAUX

J'étais une bouteille à la mer
Ils m'ont tirée d'affaire,
Mes animaux

Je m'occupe d'eux tous les jours
J'entrevois un avenir
Je les aime plus que tout,
Mes animaux

Parfois, nous partageons
Plus qu'avec les humains,
Ils sont l'âme de la maison,
Mes animaux

Mes amis les aiment aussi
Ils soignent bien des maux
Et sont pleins de vie,
Mes animaux

Ouistinette, Ubert et Graffitti

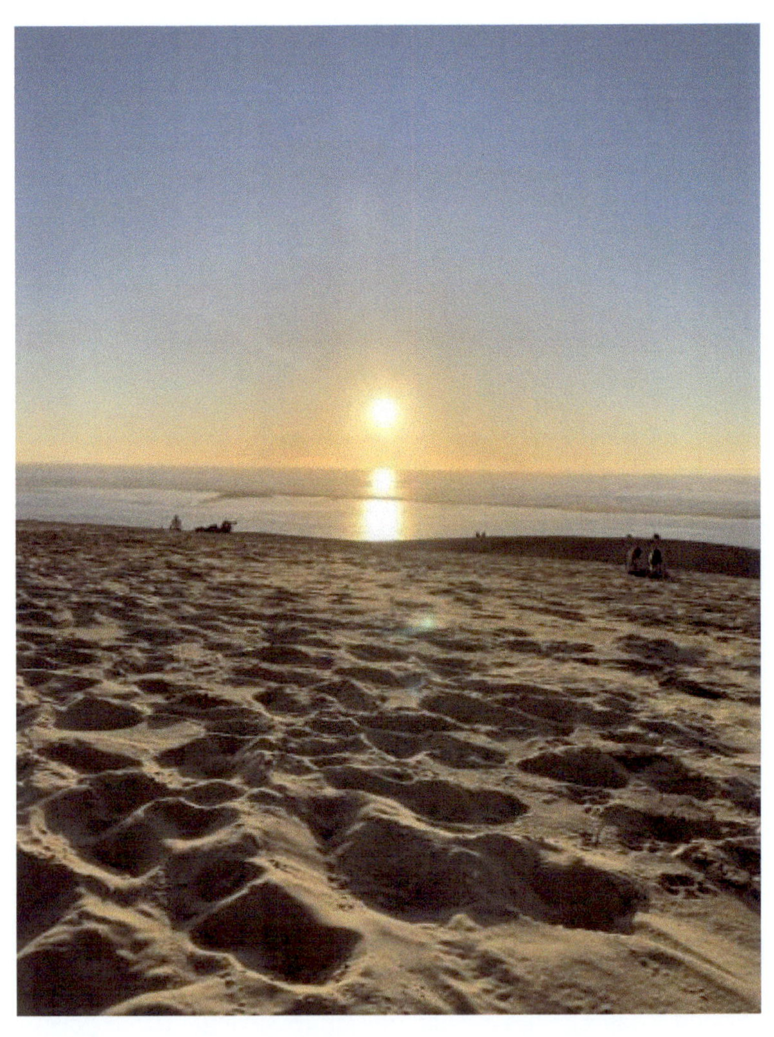

Coucher de soleil sur la côte d'Opale

CRÉPUSCULE

Le crépuscule descend.
Perdure la lumière
En ce soir de printemps

Derrière la maison,
Les dernières lueurs
Éclairent l'horizon

Des activités
Achèvent la journée
Avant d'enfin se reposer

Et quand vient la nuit,
Je pense à l'amour
Qui, seul, s'est enfui

Et au temps qui passe,
Aux amis, à la vie
Que rien ne remplace…

UN SAMEDI AU SOLEIL

Un samedi au soleil
Au matin, je m'éveille
Dans la lumière du printemps
Me réchauffant doucement

Je vais me lever
Et profiter de la journée
Même si je ne sais
Ce qui va arriver

J'espère que ennuis et soucis
Resteront à la porte
Ce qui compte, c'est d'aimer la vie
Et tout ce qu'elle apporte :

Une journée entre amis
Se balader à l'extérieur
Un parterre de fleurs
Un oiseau qui s'envole

Le vent qui nous caresse
Un élan de tendresse
Tout contribuant
À de jolis moments

Tout m'émerveille
Ce samedi au soleil…

L'ANNIVERSAIRE

Quand c'est l'anniversaire
De ceux qui nous sont chers
On paye l'apéro
On fait quelques photos

Surtout on vient leur dire
Combien on pense à eux
La vie va leur sourire
C'est notre plus cher vœu

Le plaisir partagé
Un moment de tendresse
Vécu dans l'allégresse
Entre amis rassemblés

Pour un bon souvenir
Qui aide à l'avenir
Ensemble pour avancer
Et se sentir aimés…

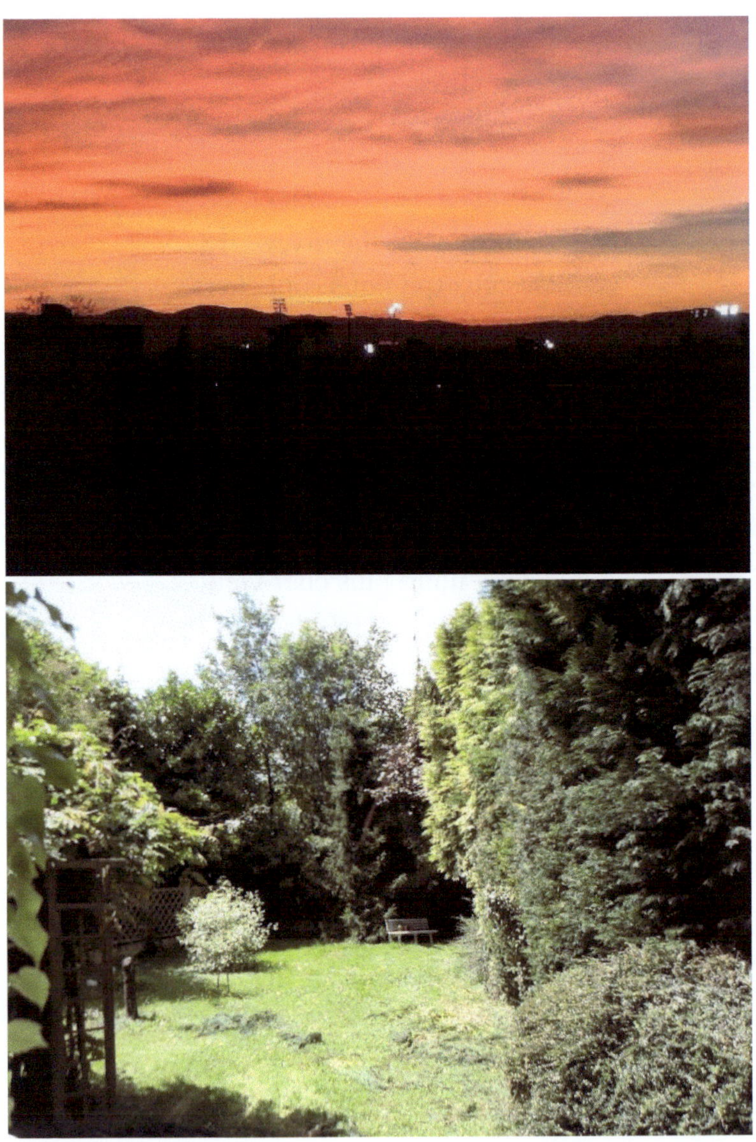

Coucher de soleil à Lyon, et le jardin de la maison

AUX PORTES DE LA NUIT

Aux portes de la nuit
Seule la lune éblouit
En saupoudrant la terre
De silence, de mystère

Temps souvent redouté
Car c'était l'insomnie
Ou bien, je m'endormais
Bien au chaud dans mon lit

La maison familiale
Rassurante et jolie
Dans son cadre végétal
M'a redonné la vie.
Ses habitants
Sont bienveillants
Et les amis
Aussi

Parfois, je préfère veiller
Dans le silence de la nuit,
Entendre le battement
De nos cœurs unis
Pour réapprendre à aimer…

LE CHARBONNIER

L'humilité
Du charbonnier,
Là pour aider
Et pour aimer

Pas de service,
D'esclavagisme :
Juste la foi
Qui sauvera,
Celle qu'on partage
En héritage…

RETRAITE ANTICIPÉE

Dans un jour, ou deux, ou trois,
Au travail, je n'irai pas
Pour moi, c'est la retraite
De Russie, dans la tête,
Dure à prendre, car avancée.

Comme les vedettes, je reviendrai
Reprendrai une activité,
Ce que j'aimerai
Pour une nouvelle vie,
Comme un défi !

PETITE FLAMME

Ce soir, je ne chanterai pas l'amour
Qui jure les toujours,
La fatigue a brouillé
La clarté de mes idées
M'obligeant à me reposer

Je cherche à les organiser
Pour vous offrir ces mots
Qui voudraient se lier
Et vous dire le beau

Même si mon corps est en berne
Je reste pourtant poète
Mon cœur est intact
Et je garde mon âme,
Contre vents et marées
Tiens ma flamme allumée !

LUMIÈRE INTENSE

La tête dans la brume
Elle pèse une tonne,
Même si glisse ma plume
Sur le papier résonne

Soudain un rayon perce
Une lumière intense,
Réjouit mon esprit
Et embellit la vie

IVAR (2018)

À toi, qui nous a quittés,
Parti vers d'autres cieux,
Dont nous voyions la vie
Dans le clair de tes yeux

Tu as rejoint tous ceux que nous aimions
Préparant une place
À tous ceux qui viendront

Sois heureux là-haut
Avec ce qui est beau,
Tu laisses dans nos cœurs
Une part de bonheur

Merci Ivar, mon tonton

NINA (26 août 2024)

Ça y est, tata
Tu nous as quittés
Pour rejoindre Ivar
Qui t'a tant manqué

Mais au bout du chemin,
Même s'il y a une fin,
Tu seras dans nos souvenirs
Pour nous aider à vivre

Je veux rendre hommage
Aux proches qui ont écrit
Avec toi les dernières pages,
Et à ceux qui, autrefois
Étaient vos amis

Tout ce qui a fait votre vie
À Ivar et à toi,
Riche et simple à la fois,
Nous, restés ici-bas
Nous souviendrons de ça,
Et, Janine, de toi…

UN OISEAU DANS LA TÊTE

Un oiseau dans la tête
Sautant de branche en branche
Oubliant le passé,
L'avenir incertain
Vivant au jour le jour

Toi l'oiseau dans ma tête
Que sont mes amours devenues ?
Toi sautillant sur elles
Et sur ma joie toujours présente

Peux-tu me rendre ma mémoire
Des mots, des sourires, des souvenirs ?
Que je puisse avant le soir
Me reconstruire…

ESPOIR

Se présente une nuit
Partie pour l'insomnie

Heureusement, le chat est là
Ronronnant sur moi,
Me réchauffant
Me rassurant

J'aspire à demain
Quand tout ira bien
La vie retrouvée
Pour avancer, et aimer

Et je prie pour tous ceux
Qui espèrent en un mieux
Qu'ils soient croyants ou pas
L'amour, tout le monde y a droit !

Coucher de soleil à Cuincy

ÉCRIRE

Écrire pour la vie,
Comme un défi

Lumière dans la nuit,
Étincelle d'espérance
Dans la solitude et le silence

Écrire, ma compagnie
Dans ce monde chamboulé
Pour vivre, et méditer

VIE EN POÉSIE

Maintenant dans ma vie
Tout est prétexte à poésie
Le retour du printemps
Ou cet oiseau chantant

Ces rencontres d'un jour
Ceux que l'on aime pour toujours
Ou bien ces vagues à l'âme
Lorsque vacille la flamme

Tant de voyages rêvés
De montagnes, de forêts
De pays inconnus
Et de contrées perdues

Mais aussi écrire
Parce que ça aide à vivre
Et s'envoler en mots
Réinventer le beau

JAMAIS FINIE

Jamais finie, la vie
Les mots, pour dire le beau
L'espoir, un territoire
Seul avenir, pour se construire

Retrouver le goût des choses
Avec les autres, être en osmose
À la nature, s'abandonner
Et entre amis, se consoler

Vivre l'instant, avec son temps
Puis s'en aller, dans un battement
De cœur, discrètement…

RETROUVER L'AMOUR

Ces images, ces sons
Toutes ces informations,
Même si c'est la fête,
S'accumulent dans ma tête

Je cherche le silence
J'espère ta présence,
Je ne fais que saturer
Quand je ne peux t'aimer

Comment font-ils ceux-là
Qu'ont chaussures à leurs pieds ?
Se servent-ils de ça
Pour être enfin comblés ?

Le calme retrouvé
Et la nuit revenue,
À toi je peux penser
Espérant ta venue

Mes amis, mes amies
Vous qui me soutenez,
Priez comme je prie
Pour vous, et que je puisse trouver
Le repos de l'âme et l'amour
Que je vivrai au jour le jour

Alors ma poésie sera la vie
Que je partagerai avec lui
À l'infini !

Sculpture de mains priant

LES PLUS BELLES POÉSIES

Les plus belles poésies
Qu'on peut formuler
Sont celles qu'on écrit
Avant et après l'amour espéré

Tous ces souvenirs
Qui nous ont construit
Comme pour toi, Loïc
Mon défunt mari.
On peut en parler :
Nous nous sommes aimés

Des années plus tard
Le long deuil passant
Me voici rêvant
Sortir du noir
Ouvrir mon cœur grand

L'amour qui naît
Qu'on peut partager
Est un fin papier
Qu'on ne doit déchirer

Avant et après
J'écris volontiers,
Le vivre au présent
C'est ça que j'attends…

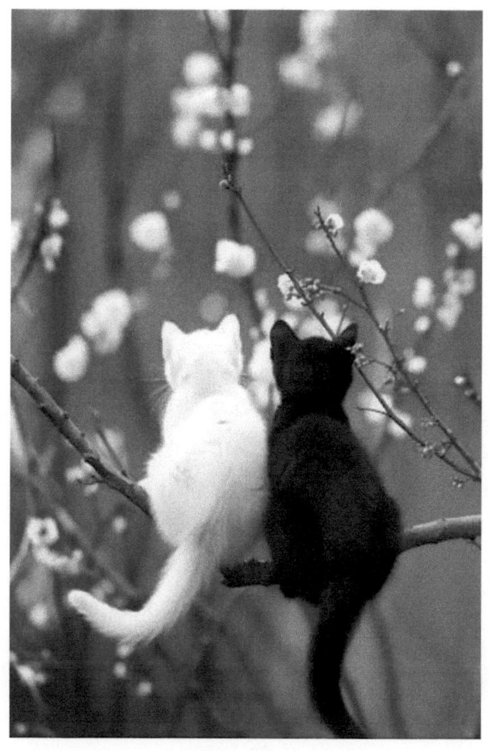

INSPIRATION

Tu m'as manqué
Toi qui m'as tant inspirée.
En cette nuit, infiniment
Je guette le firmament

Cette étoile qui vient parler
À mon oreille, vient chuchoter
Des mots d'amour, des mots velours
De consolation
Que seuls toi et moi connaissons

Tu es mon passé, mon futur
J'aimerais tant t'avoir au présent
À chaque instant

Même si rien n'est jamais sûr
Tu es mon unique passion
Toi qui m'as donné l'inspiration…

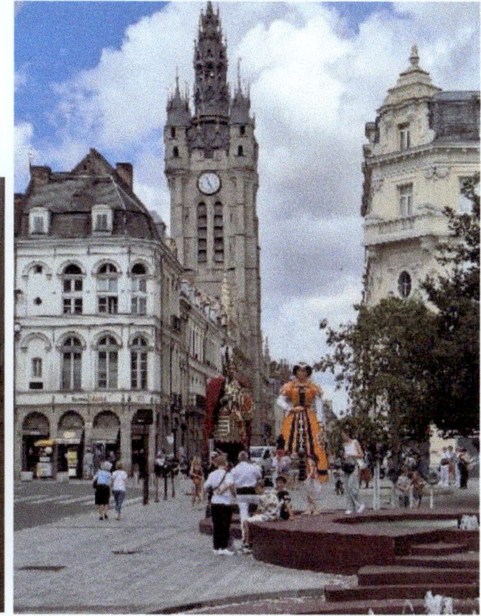

La Rochelle, Dinah et Douai

Ma Mimie

Table des matières